PLAYLIST PARA UN ARQUITECTO DE ACORDES Y UN LEÓN

ICÍAR GÓMEZ MOYA

Aliarediciones

Corrección: Eladia Guerrero
Diseño de cubierta: Aliar Ediciones
Maquetación: Aliar Ediciones

Depósito Legal: GR 911-2025
ISBN: 979-13-87823-44-3

Impreso en España

Edita
ALIAR Ediciones
www.aliarediciones.es
info@aliarediciones.es

PLAYLIST PARA UN ARQUITECTO DE ACORDES Y UN LEÓN

ICÍAR GÓMEZ MOYA

Y si surgen saludos o palabras, tal vez notes la dureza de mi estilo queriendo no herirte en nada y en mi soledad, sólo herirme yo mismo.

Roberto Iniesta

NOTA DE LA AUTORA

Es un poco extraño escribir una carta para un público que ni siquiera sabes si te va a leer, pero a ti, lector, que estás ahora aquí, me gustaría dedicarte unas palabras para que conozcas el significado de este libro antes de emprender este viaje entre sus páginas compuestas de rugidos, estaciones del metro de Madrid o las olas de la playa de La Concha.

Hace más de tres años que empecé a escribir poesía. Hasta aquel entonces, apenas conocía a algún autor más allá de los importantes. Sin embargo, hubo un determinado momento en el que conocí a una de mis mayores inspiraciones para explorar más este ámbito literario, Loreto Sesma.

Fue escuchando la canción *Palabras* de Taburete cuando supe por vez primera de ella y decidí conocer más sobre su obra. Quedé fascinada con su crudeza y manera firme de hablar del desamor.

Empecé a leer toda su obra y encontré una fuente de inspiración maravillosa para involucrarme en la poesía. Por supuesto, luego fui conociendo nuevos autores que me sirvieron de inspiración, como Mario Migueláñez, Benedetti o Sara Búho, entre otros.

El descubrimiento de Loreto fue prácticamente de la mano de una situación un tanto peliaguda para mí: darme de bruces con la situación de un amor no correspondido.

Fue un palo bastante duro, porque esa persona para mí lo era (y quizás sigue siendo) todo. Fue ahí cuando empecé a canalizar ese dolor en forma de poesía. Así que, querido Arquitecto de Acordes, si estás leyendo esto, te pido primero disculpas si te ofende encontrarte en varios de estos escritos, pero espero que estés orgulloso también de ser la principal causa del nacimiento de este libro.

Ahora que sabes por qué nació este conjunto de poemas, lector, me gustaría que te pusieras cómodo, cogieras una caja de pañuelos y disfrutaras de estos intentos de poesía e historias que fueron o pudieron ser. Te doy las gracias por tomarte un tiempo para leerme y darle una oportunidad a mi primer proyecto.

Espero que cuando lo acabes hayas encontrado algún verso que te haya marcado o conmovido.

Gracias de nuevo,
Icíar

METRO, MÚSICA E INTENTOS DE POESÍA

Por delicadeza
(Joaquín Sabina y Leiva)

Me acusas de quererte y no buscarte.
Me acusas de incendiarte la cabeza.

Tiempo de descuento

Espérame
en los andenes del metro
que cuando vuelva
pienso hacerte volar
de nuevo por ellos.

Déjate
la luz de la cocina
encendida cada noche
que
prometo que
cuando sea
la de siempre
dejaré de mirar
desde la calle
cómo cantas a Sabina
y entraré a verte
entonando
Calle Melancolía.

Escríbeme un relato
o una canción
de las tuyas,
de esas
en las que uno
se muere de amor
no correspondido,
que yo
cuando pueda
te escribiré
mis versos más bonitos.

Recuéstate esta noche
en el lado izquierdo
y
prométeme
en susurros
que sabes que te quiero,
que te juro
que cuando me encuentre
a mí misma
daré fin sin miedo
a este tiempo de descuento.

Cuarto movimiento: la realidad
(Extremoduro)

Quisiera hablar contigo y así sintonizar...

Versos para tus canciones

Surgen versos
más allá de medianoche
porque te cuelas
en susurros
en mi psique
subiendo veloz
por sus escalones.

Entre mis sábanas
te acuestas
cómodo,
listo para la guerra,
porque batalla
que comienzas
eres incapaz de perderla.

Decides entonces
estrujarme las venas
para ver
si hoy

puedo dedicarte
otro nuevo poema.

Me opongo,
me sacudo,
intento que no vengas
pero,
inútil de mí,
caigo en tu llave de judo
y mis ojos despiertan.

De repente,
a la una
me sale escribirte
aunque mi mente no quiera,
pues el corazón
dicta la urgencia
en esta noche cualquiera
y se cuela
en mi herida más interna
sacando
su versión más triste.

***Estarás* (Veintiuno)**

Pensando cuando suene nuestra canción en cómo te trata la vida cuando no estoy alrededor.

La chica de los poemas y el chico de las canciones

Yo era la chica de los poemas
y **ÉL** el chico de las canciones.
Yo era la chica del metro
y **ÉL** el chico de los aviones.

Éramos una armonía,
mezcla de fuego y ceniza.

Fuimos una fantasía en su coche
y un desastre en mi cocina.

Fuimos un verso inacabado
interrumpido
por la broma infinita
del destino.

Una historia jodida
e incompleta,
como cuando el escritor

se frustra
tanto consigo mismo
que es incapaz
de escribir más letras.

Una frase suelta,
sin sentido,
con miles de vueltas
y con un punto y aparte
que nos rompió
todos los esquemas.

Yo
fui tu chica de los poemas
y tú
mi chico de las canciones.

Fuimos un puñetero
misil suicida
circulando por los vagones.

Fuimos un acorde menor
ahogado
sobre la línea siete
que, de nuevo,
se estremece
al recordarnos cada
24 de septiembre.

Te entiendo
(Pignoise)

Espero tener la oportunidad para poder demostrar que nadie más te cuida y que solo yo te entiendo.

Impulso sempiterno

Un día de estos
pienso convertirme
en uno de los personajes
de las historias que relatas.

Así
podré bucear en tu mente
y acompañar a tu sueño
cada vez
que te vayas a la cama.

Seré una mariposa
que hará viajes de Madrid
a San Sebastián
sin cuentakilómetros
ni reloj
y planearé con mimo
mi próximo trayecto
cada vez
que tus pensamientos

decidan marcharse
a Nueva York.

Solo por ti,
me convertiré
en un poema nuevo
para que
a golpe de la mayor
pase a ser la mejor canción
que nunca has compuesto.

Prometo acordarme de ti
cada vez que un verso
quiera hacer sinapsis
entre mi mente
y mis dedos.

Y así,
algún día poder
abiertamente
hacer tuyos
mis impulsos sempiternos.

El roce de tu piel
(Revólver)

Y es que no hay droga más dura que el amor sin medida.

A ningún lugar

Sería capaz de sobrevolar
como un haz de luz
tu línea de metro
favorita
de la ciudad.

Aquella
en la que tus sueños
empezaron a hacerse
realidad
y vieron extender tus alas
por primera vez.

Podría crearte una sinfonía
por cada ocasión
en la que lanzas
una carcajada,
siendo así posible
armar la canción
con la más bonita melodía.

Me sumergiría todas
las noches
en tus sueños,
retrasando
el tiempo de tu descanso
hundida en tu respiración
mientras juego
como una niña
acariciando tus recuerdos.

Escribiría una historia
o quizás
unos simples
versos básicos,
pero en todo caso
recogería tu esencia
y el color de tus ojos
en el papel
para que cada vez
que los lea
pueda acordarme
de lo que decían Los Ronaldos,
que, de ninguna manera,
puedo vivir sin ti.

Huellas en la bajamar
(Hombres G)

¿Y tú con quién estarás? No lo sé y qué más da…

Revirtamos papeles

Revirtamos papeles
y escríbeme un poema
que yo
te hago una canción.

Llena las notas de tu móvil
con versos y yo
trazaré estrofas para ti.

Revirtamos papeles
y
serás tú
el que me escriba a diario
y yo
la que se olvida de ti
tras una nueva respuesta.

Revirtamos papeles
y tú serás
el que por las noches
se pregunta qué

anda mal en él
y yo
la que sale de fiesta por Madrid.

Revirtamos papeles
y seré el chico de mi relato,
el que vive ajeno
al amor de la chica,
sin preocupaciones,
mientras tú
pasas a ser ella,
endeble
ante los ojos del escritor
con las venas ardiéndole
cada vez
que nuevamente lo ve.

Muriéndome de amor
(Hens)

Toca tragar saliva y pensarte a escondidas. Abrirme las heridas y arrancarme el corazón.

Versos acabados

Te escribí un poema ayer
mientras viajaba
en el metro.

Te lo dediqué
con un sentimiento
ansioso
mordiéndome el pecho
pensando
en todo lo que pudimos ser.

Te escribí un poema
en la libreta
que me diste
esa vez.

Con los recuerdos
invadiendo los versos
y con el bolígrafo
manchando mis dedos sin querer.

Te escribí un poema
mientras el tren
moría en nuestra estación.

Levanté la vista
y
juro que no pude
evitar reírme
aún con lágrimas
en los ojos
cuando el artista callejero
entonó nuestra canción.

Te escribí un poema
dedicado
a esa chupa de cuero
tuya
que tanto me gustaba
y a esos botines negros
que creaban
un *rock and roll*
que la capital no había visto antes.

El cual
a modo de melodía
se acompañaba
de tu sonrisa
eterna
capaz siempre
de acelerar mis constantes.

Lo nuestro
(Paula Koops)

Si vas a hacer que te recuerde tanto al menos tú recuérdame.

Objetivo localizado

Creí encontrarme
una
y otra vez
en las letras
de tus canciones,
en cada uno
de tus suspiros silenciosos
de medianoche
y en los cristales de tus gafas.

Y es que,
aunque no fue así,
yo a ti
sí te he encontrado
en mis versos
y,
si me permites la osadía,
hasta en mis más
lascivos pensamientos.

Acostumbrarme
(CLODIX)

Porque tú, que detienes el tiempo y me curas con solo mirarme...

Ungüento

Yo solo cicatrizo mis heridas
si me cose a besos,
escribe poesía en mí,
rima palabras
sobre mi cuerpo
o me habla de su pretérito
asomado
al precipicio
del recuerdo.

Es entonces
cuando mis latidos
comienzan a revolucionarse
chocándome
contra el delirio
provocando caos a sus anchas.

Y
ahí estoy,
enfrentándome al desequilibrio
mientras él

me hace bailar
entre todos los resquicios
de su piel
que me provoca escalofríos.

Te quiero a morir
(Dvicio)

Yo no sé amar sin compartirlo. Quizá entregarme me alejó más de ti.

Polos opuestos

Él era de pasarse las noches
sentado al piano
componiendo a solas
con el cuaderno rojizo
al lado.

Yo era de tirarme madrugadas
de puro insomnio
rasgando la guitarra
pensando en sus latidos claros.

Él tan de pisar
fuerte el escenario
ya fuese
con una camisa negra
o un sombrero *cowboy*
que ensombreciera
el verde de sus ojos
las noches de verano.

Yo
tan de ahogar mis penas
en vino blanco
barato
escribiéndole
poemas
en esta puta libreta
sabiendo que nunca los leería
por mi miedo
a tomar el camino
equivocado.

Él tan de ortografía perfecta
y discurso valiente,
piel de canela,
tacto de café caliente.

Yo de gramática sincera
y personalidad
inconsciente,
adicta al peligro que acecha
al perderme
en la pureza
de su presencia en mi mente.

HISTORIAS Y CARTAS NO ENVIADAS AL ARQUITECTO DE ACORDES

26 de junio de 2023

No fue un «no te quiero», sino un extraño silencio que estalló como una onda expansiva de sonido fulminante.

A ella le pitaban los oídos, los ojos le escocían y los labios le temblaban.

Las lágrimas amenazaron con escaparse si **ÉL** pronunciaba su nombre de nuevo en el siguiente minuto.

El corazón se le hacía añicos cada vez que el oxígeno ingresaba de nuevo en sus pulmones.

ÉL la miró sin saber cómo actuar.

Tristemente, la quería a medias, y es que a Don Cuadriculado, aunque no quería admitirlo, le jodía no tener las cosas claras y al mismo tiempo tener las emociones desbocadas.

Pero ambos sabían que a **ÉL** no se le disparaban las pulsaciones al mínimo roce con la piel de ella ni pensaba en sus ojos todo el tiempo.

Acordaron entonces que se esperarían, con la esperanza de no hacerse daño mutuamente. Irónico es saber que en los siguientes meses se ahogarían en esa mentira.

65 días después

Mi pregunta es si 65 días después te acuerdas de mis palabras.

Si sabes que 65 días más tarde aún me muero al verte sonreír con esas arrugas tan tiernas surcando tus ojos.

Me pregunto si semanas atrás tú también releías de madrugada nuestras conversaciones de hace un par de años.

Escuchando de nuevo los audios que, en septiembre, a medianoche me mandaste.

Me pregunto si algún día de estos, mientras escribías tu primer libro, mi ser se apoderaba de alguno de tus personajes, como haces tú con mis poesías, o quizás puede que aparezca en tus nuevas canciones colándome entre las estrofas.

Mi pregunta es si sabes que por mucho que me pese no puedo dejarte ir, no después de las lágrimas que me aguanté ese día y de mi miedo a perderte apoderándose de mis músculos.

Me pregunto si 65 días después, simplemente, has vuelto a pensar en todo lo que fuimos.

Arima eta itsasoa (el alma y el mar)

Esta tarde me he sentado en la arena aspirando con los ojos cerrados los últimos instantes de libertad.

Madrid me espera, y con ello el recuerdo de tu pelo desordenado mientras caminabas por Malasaña, tu sonrisa a bordo del último vagón del metro de la línea 4 o el de tus ojos café devorando con la mirada las estanterías de aquella librería de Atocha.

El mar del norte hoy estaba tranquilo, pero el murmullo de las olas traía de vez en cuando tu voz con ellas cada vez que rompían en la arena. La sal se me ha pegado al pelo como el beso que me diste en la sien aquella noche de enero, y te he echado tanto de menos…

Saudade

Lo difícil que es echar de menos lo que nunca se tuvo…

Difícil es extrañar y continuar como si nada pasara pese al nudo de tu garganta.

Porque la molestia que nadie entiende sigue ahí adentro.

Pero tú, aunque te mueres por ese sentimiento, no puedes decirlo por no romper las cosas de nuevo.

Y entonces, llega un momento en el que el silencio te acompaña a todas horas, siendo enemigo y amigo en la trinchera.

Observas por no romper lo poco que tienes pero en el fondo cada noche, no puedes evitar llorar al imaginarlo, soñarlo y extrañarlo sabiendo que tu alma y manos estarán de nuevo vacías a la mañana siguiente.

No lo tuviste y tampoco lo tendrás.

Y, ¿sabes qué, niña?

ÉL ahora mismo estará en algún local de la calle que tanto frecuentabas bailando con otra sin pensarte.

Y es que para **ÉL** eres alguien más en el camino, alguien a quien quizás con el paso del tiempo olvide y vea como una desconocida más y no como la chica que le esbozaba su mejor sonrisa cada vez que **ÉL** en el escenario era feliz.

INDIRECTAS DIRECTAS

Tus monstruos
(Belén Aguilera)

Yo me quedaré aquí, mi amor, te juro que no habrá más paradas.

Versos sueltos

Cariño,
déjame decirte
que el miedo no sirve de nada
cuando hay amor
porque este,
desde que existe,
siempre ha sido capaz
de devorar a los monstruos
cada vez que los siente cerca.

Si tú supieras
(Funzo y Baby Loud)

Si supiera que cada noche que pasa lloro porque no está…

Ansiedad de medianoche

No sé si algún día
me sentiré culpable
por dedicarte todo esto,
pero es que
hasta tú mismo me lo dijiste;

«Nadie se arrepintió nunca de decir lo que siente, siempre de su contrario».

LA LLORERÍA

Si tiene que ser, será
(Mafalda Cardenal)

Y cuando alguien nos pregunte qué fue de nosotros dos, les digamos que fue un «hasta luego» y nunca fue un «adiós».

¿Capítulo cerrado?

Con un solo latido
pasamos
de cero a cien.

Se volvió tu lugar favorito
aquello que llamas mi piel.

Jugábamos al amor
como niños
sin saber cuánto podía doler.

Y es que
de vez en cuando
te miro
y la herida
me vuelve a escocer.

Desde el invierno pasado,
las noches
se me vuelven eternas
viendo que ya no estás.

Y es que mi cabeza
y mi almohada
te piensan a deshoras
despiertas
mientras tú
sales por la ciudad.

Escribimos una historia incierta,
lo que nunca fue
ni será,
pero yo
por si acaso
te dejo mi puerta abierta
por si algún día
quieres volver a entrar.

Sin ti no soy nada
(Amaral)

Que no daría yo, por tener tu mirada. Por ser como siempre los dos […].

Objetivo localizado II

Te he buscado
en
10 pares de labios.

Distintos,
salvajes,
tentadores,
y no he hallado rastro tuyo
en ninguno de ellos.

Quería dar contigo
en besos
que no aportaban,
en cariño ausente,
en sexo vacío,
en carencias de amor,
y lo único que encontré
fue mi corazón
baldío
dando tumbos
y vagando
ante tu recuerdo.

Besos en la nariz
(Xavibo)

Pero lo entiendo porque ni el luto más largo detiene el tiempo.

Desastre

La noche se presenta tormentosa
al igual
que las mil anteriores
porque tus ojos azules
no están aquí
acechando mimosos
mi piel.

Mi descanso se ve mermado
viéndome ahora
sin la nube de humo
de tus cigarrillos
creando esferas grises
que se esfumaban
entre tus labios
después de besar los míos.

La madrugada
se muestra lenta,
con las horas discurriendo
eternas
burlándose del reloj.

Ahora,
sin tu voz
murmurando
ronca
contra la almohada
ni tu aliento en mi espalda,
me quedo
con un peso en el pecho.

Supongo
que la mañana
de mañana
será como han sido
todas hasta ahora,
grises y lluviosas,
con goteras
creciendo por mis venas
que sustituyen
con el paso de los minutos
la sangre por tus letras.

Aunque no sea conmigo
(Aitana y Evaluna Montaner)

Se duplican mis latidos y, aunque no los has sentido,
es evidente y se me nota en la mirada.

Irribarre hautsita (Sonrisa rota)

No quería tener que decirlo
pero creo
que este sentimiento
ya no se cura.

Llevo 4 años
conteniendo mi locura
de desnudarme el alma
y decirte cuánto te amé.

Me jode ser tan intensa,
pero
es que últimamente
me cuesta mucho controlar
el amor
que se me desborda
por las venas.

Y es que, cariño,
ya me conoces,
que soy de piel sensible,
sonrisa rota
y corazón de primavera.

No es que no te quiera
(Candela Gómez)

Yo no escucho el eco y es que van diciendo
«Capullo insensible que mató lo vuestro».

Ecos del Cantábrico

Sé que
si te veo una vez más,
las corrientes del Cantábrico
me podrían
arrastrar a las profundidades
de tu garganta
y no me dejarías respirar.

Sonaría entonces
un silencio en calma
o quizás
ese piano de *Adiós*
que tanto te gustaba de Yatra.

Me sumergiría en la oscuridad
de tus ojos marrones
un par de horas más
mientras las olas de tu voz
me arrullan
al compás de tu guitarra.

Romperíamos la promesa
de sacarte de mi vida,
todo por intentar
sobrevivir al huracán
que ambos hemos provocado,
pero sé
que al final te acojonarías
y soltarías mi mano.

Sin embargo,
me arriesgaría una vez más
a nadar en tu mar
sin miedo,
a solas,
en un barco
a punto de naufragar.

Porque
siempre tengo hambre
de peligro,
de oleaje extremo,
de agua en mis pulmones.

Y como siempre
quiero tenerte en mi ser
igual que tú
me tienes en tus canciones.

Hopelessly devoted to you
(Olivia Newton-John)

My head is sayin´ «Fool, forget him».
My heart is sayin' «Don´t let go».

Noches y heroína de ojos verdes

¿Cómo lo hacemos ahora?
Si aún me quedan fragmentos por pegar.

Si sostengo mis sueños sin pulso
ahogados en una bañera a rebosar.

De nuevo a estas horas despierta
esperando tu desastre natural.

Un huracán de palabras hirientes
que me intentan asfixiar.

¿Y dónde coño queda el niño de las mil batallas?
¿Si esta no la quieres ni acabar?

Nuestra historia escrita en 18 versos a la luna
y un río de lágrimas a la ciudad.

¿Cuándo piensas no hacerme daño?
¿Cuándo pretendes dejarme soltar?

Si llevo enganchada a tus ojos dos años
y cada día pienso en drogarme de ti un poquito más.

Tú te vas
(MELER)

[…] y tú te vas, y yo me tengo que quedar con tus recuerdos.

Yellow

Hoy te he visto
y no ha sido en nuestra estación.

Te he visto en los ojos
de los que iban
conmigo en el metro,
en el vaho
de la ducha de las siete,
en las páginas del libro
que llevo dos meses para leer
y en los versos
de un poeta frustrado.

He observado
al fantasma de tu guitarra
mirándome confuso
desde la esquina del cuarto
y en mi mente
han sonado sin querer los acordes
de aquella canción de Mayer
que entonabas de madrugada.

También estabas en el salón
cuando he puesto
el *Parachutes* de Coldplay
esperando a cierta canción,
pero *Trouble*
se ha adelantado
con ese maldito piano
y no he podido evitar
que en la primera estrofa
se me desgarrara el alma.

Hoy te he visto
tras los cristales sucios
de mis gafas.

Ahí estabas,
descalzo y escribiendo.

Tenías los dedos
manchados de bolígrafo
que se paseaban
página a página
por letras
que nunca verán la luz.

Cuando he vuelto a casa,
he extrañado tu desorden
y tu caja de las lentillas.

También tus coquetos silbidos
nada más salir
por el umbral
de la puerta del baño
con las pintas de un martes cualquiera
o mientras me maquillaba.

Ahora
ya solo espero que mañana
todo eso que te he dicho
nunca más vuelva.

Pero
no quiero mentirte,
en el fondo
sigo esperando a que aparezcas…

20 DE ENERO

(interludio)

20 de enero

Ella despertó de nuevo sobresaltada en la noche
ahogada en su repetitivo sueño.

Ahí seguía apareciendo **ÉL**,
quien de vez en cuando
volvía a pasearse por su mente.

ÉL.

Con su camisa bien planchada
sus botines de ante impolutos
y su sonrisa perfectamente enmarcada
entre la fina línea de sus labios
que a ella le traía
hacía años completamente loca.

Lo extrañaba en el recuerdo
de lo que nunca fue.

Lo recordaba entre el dolor
y el cariño de escuchar
esa canción de amor
que tanto cantaba **ÉL**
hasta altas horas de la madrugada.

Ella en Madrid,
ÉL en San Sebastián,
con la lejanía geográfica separando sus vidas,
pero
también
la que el destino había escrito sobre ellos,
el cual
no quería que **ÉL** sintiera
el mismo ardor en las venas
cada vez que el calendario
marcaba un nuevo veinte de enero.

VISCERAL

1000COSAS
(Lola Índigo y Manuel Turizo)

Contigo no empato, aunque peco y rezo.

Neurotransmisores

Llega un disparo de la sístole
liberando adrenalina
cada vez que cruzo el límite
besando la piel
de tus mejillas.

Se desmaya la diástole
placentera
ante la dopamina
que genera
tu tacto dominante
tan adictivo como la nicotina.
Estalla una sinapsis
de endorfinas
y mi cerebro
entra en catarsis
cuando desde arriba me miras.

Acelero mi respiración,
exhalo serotonina
al sentir tu voz
en nuestra canción
cada vez que me la dedicas.

Fóllame
(Viva Suecia)

Cállate, destrózame la vida.

Paralelas

Tiene entre los labios
dos hileras
perfectas de perlas
igual de adictivas
que la mejor cocaína.

Tanto es así
que creo que no soy
la única
adicta
a su sonrisa,
pues cada vez que miro a mi
alrededor
veo en los demás
una euforia
dilatada como sus pupilas.

Endorfina
(Chica Sobresalto y Nixon)

Envuélveme en tu cama hasta que deje de ser yo.
Agita mi ser, consume mi deseo.

Llama y gasoil

Me asusta sentir
el olor a gasoil
que desprende
la llama de tu mirada
nacida del petróleo
de tus ojos negros.

Me encoge el dulce timbre
que rezuma de tu garganta
cada vez que
tu risa fácil
decide escaparse
de tus labios.

Me enloquece la forma
en la que te acercas
acechando mi cintura
sigiloso,
con el hambre

de un lobo feroz
que quiere engullir a su Caperucita.

Me rompen los esquemas
tus respiraciones
intranquilas,
aceleradas,
inquietas,
cuando estallan contra mi cuerpo
haciéndose hueco entre los poros
que componen mi piel.

A diez centímetros de ti
(La Oreja de Van Gogh)

No hace falta que te jure, querido compañero,
que no debí quererte y sin embargo te quiero.

Leona cardiógrafa

Construyo sobre cimientos
de suspiros y anhelos
rugidos feroces
cargados de «te quieros»
para que se anclen
dentro de tu pecho
rajando tu miocardio
rojo
sangrante,
intenso,
y acaben
con todos tus malditos silencios.

Comerte entera
(C. Tangana y Toquinho)

No aguanto más sin comerte entera…

Órdenes

Sírveme una copa
de tu vino
favorito
y saca a pasear con la salida
de la luna esta noche
todos tus actos irracionales
que yo
pienso
atarlos a mis vicios.

Desnúdate conmigo,
cariño,
y provócame
de la nuca
a los pliegues
una oleada de romanticismo
que se manifieste
en forma de camino
para que
me lleve
entre tus sábanas
a perderme en tu ombligo.

Bañémonos en sudor
y caigamos al precipicio.

Dejémonos llevar
presos del desequilibrio
por el sendero
de tu espalda
permitiéndome
atreverme a empezar un desfile
por todos tus resquicios.

Después,
que estalle todo
y disminuya el ritmo
entre suspiros
paulatinos
sin necesidad
de coser los segundos
con más palabras
que sirvan de hilo.

Cumplido el delito,
premisa del destino,
ofendemos con el ruido
al vecino del quinto
dando a entender
que lo nuestro
solo se puede expresar
a base de besos,
gritos y gemidos.

La ruina
(Veintiuno)

Salir de noche, volver de día hasta una cama que no es la mía.

Recuerdo visceral

Hoy quiero recitarte algo
que me nazca de las tripas,
pero no quiero
que me paralicen las prisas.

Quiero dedicarte algo
visceral,
pero impregnado de carisma,
como aquel tema
que me escribiste
una noche de abril
tras una mortífera
ronda de tequilas.

¿Recuerdas el tatuaje que nos hicimos?
Ahí,
en ese estudio de mala muerte
al que fuimos.

Me viene a la mente
tu mirada limpia
ante el suave impacto
de la tinta
contra tu piel
creando un seísmo
en el cruce de nuestras pupilas.

Luego recuerdo
que volvimos dando tumbos,
sin metro disponible,
borrachos,
pero con un solo rumbo:
irnos directos a tu cuarto,
e invocar en cuestión de besos
y fugaces segundos
un baile
sobre la cama desnudos.

En medio del huracán me decías:
«Leona, me bebería tu sonrisa»,
mientras mi respuesta
eran gemidos
ahogados en el vals de tu pelo
que se pegaba
entre tu frente y la mía.

Llegó la explosión
y chocaste tu corazón
contra el mío.

Invocamos juntos nuestro amor,
quien saltó por el precipicio
y viajó hasta el primer rayo de sol
cuando culminó nuestro delirio.

Es aquí,
dejándome llevar
por mis recuerdos lascivos,
que te regalo este poema
para que puedas regresar
a cuando nos conocimos
y jugábamos como dos críos
a hacernos el amor
descubriendo lo prohibido.

RUGIDO ROMÁNTICO

Roma
(Bely Basarte)

Pero a mí todos los caminos me llevan contigo.

Vida en Italia

Nos buscamos la ruina
renunciando al caos de Madrid,
a su ritmo frenético,
a sus prisas,
a su rutina.

Huimos de la capital
con la única ambición
de escaparnos a la Toscana
y vivir nuestra nueva vida
en cada una de sus playas
con los pies mojados
en la orilla
y los labios secos
del salitre.

Cumplimos mi fantasía
de volar en una Vespa Primavera
por las calles de Roma
arrancando suspiros a los turistas
que nos observaban

mientras yo me perdía
en el aroma de tus rizos
escapando rebeldes
por los laterales del casco.

Me regalaste todos tus deseos
frente a la Fontana di Trevi
ahogando los pocos euros
que quedaban en tus bolsillos.

Y yo te prometí mi amor eterno
pese a la resaca
de emoción y *limoncello*
para que te quedases conmigo
y cumplieras siempre tus sueños.

Si me muero
(Walls)

Porque si me muero quiero que sepas que fui el primero
que te ha escuchado mucho antes de alzar la voz.

Salvavidas de corazón de fuego

Acostumbrada
a nadar en anhelos
me zambullí para escribirte
versos libres.

Quería hacerte línea
de mis poemas,
suspiro de mis letras,
huracán de mi tragedia.

Pero tu luz
impidió que me ahogara
en imposibles,
en naufragios
y penas,
demostrándome así
que serías tú
quien se dejaría morir
de amor por mí
si yo te lo permitía.

Estabas harto de verme
sufrir
observando tras el cristal
mis lágrimas siendo
marco
de mis ojeras a diario
permitiendo que el amor
para mí
se tradujera
en la música más triste.

Quisiste demostrarme
que cada acto de amor
que tuve con otros
valió la pena
porque,
pese a la pesadilla
que supuso
no recibir más que puñetazos,
heridas
y lesiones
en el miocardio,
ibas a aparecer tú
con tu templanza
lírica
y fuego de Aries
para curar

cada una de mis cicatrices
haciéndome ganadora
en este juego
llamado «vida».

La niña imantada
(Love of Lesbian)

Y en las horas más oscuras me harás levitar…

León

Espera en el portal,
viste Levi's desgastados,
y esboza una sonrisa
que eleva el aura de sus rizos
mientras entona
bajito,
apenas susurrando,
una melodía de Love of Lesbian.

Lleva consigo
el brillo de la capital
que inunda
el verde de sus ojos,
y pasea su encanto
extraño
creando una preciosa
melodía *indie*
por cada paso que da.

Mece
con calma
el aire que
Madrid respira
y exhala
desenfadado
ese aliento
manchego
que revoca
mediante una armonía perfecta
el miedo.

Bailemos
(Dani Fernández)

Vamos a robarle a la noche minutos.

Pirotecnia felina

No suelo fiarme de
caminos desconocidos
pero de vez en cuando
decido dejar a un lado
la razón
y dejo que tu corazón
juegue un ratito
con mi destino.

Es de repente
cuando mis esfuerzos
de permitirme ser valiente
merman y de nuevo crecen
cogidos de tu mano,
entrelazados a tus dedos
desprendiéndome
de los errores del pasado
y permitiéndome sonreír

esta vez a tu lado
de nuevo.

Y, león,
me gustaría contarte
que este pececito cobarde
por las noches
siente una tormenta
de fuegos artificiales
cada vez que te siente
cerca
y vuelves con tus caricias
el tiempo un instante.

Inalcanzable
(Pole)

Aunque te parezca extraño, yo me siento tan culpable
de notarme tan pequeño cuando tú me haces tan grande.

A veces

A veces
me colma la paciencia
la potencia de su ser
y es que él tiene
maneras incorrectas,
dinámica de estrella.

Pisa la ciudad
levantando adoquines
al compás de pirotecnia
empapando las calles
de la esencia moderna
que queda asentada a sus pies.
¿Qué tendrá su rareza
que no frena mi impulso
de derretirme en
su piel?

Cuarzo blanco
en sus colmillos,
la canela de sus rizos

vainilla floreciendo
en sus nudillos
cada vez
que presiona las teclas
versionando en forma de poemas,
exhalando crudeza,
todo cuanto sabe querer.

Hoy,
borracha de sueños
y versos
te dedico mis rimas,
rey de mis Toledos.

Tú
que fumas a escondidas
y encuentras
inspiración
en las algarabías
enfundado
en una chaqueta de cuero
ahuyentando
todos mis miedos
cada vez que me miras
y sonsacas tu sonrisa
pícara,
llamativa
en medio de mis silencios.

***Mi vida entera* (**
Morat)

Y es que, al fin, si te casas con un loco vas a ver qué es la magia poco a poco…

Mañana de domingo

Despierta
y en el telón de sus pestañas
nace una mañana más,
poesía.

Alza los párpados,
inspira, espira.

El sol dibuja ráfagas de luz,
asomando curiosas en el verde
que rodea sus pupilas,
mientras la luz del amanecer
de Castilla
le escribe versos de canciones
en el rojo de sus mejillas.

Abandona las sábanas
y siente en el pecho
cosquillas,
al notar la sístole,

rítmica como sus melodías,
acariciando
el borde de sus costillas.

Se sirve un café
en la mesa de la cocina.

Deja escapar entre sus labios
algunas de las líneas
de aquella nueva canción,
en la que decía
que bailaba conmigo
sobre restos de ceniza.

Activa sus sentidos
y yo
lo observo desde
la terraza en una silla,
fascinada ante el encanto
de quien es mi salvavidas.

A él,
que le haría cuadros
solo por llenar con su rostro
galerías,
y lo convertiría
en dueño de todos y cada
uno de mis días.

Propietario de mis silencios
y mis escandalosas risas,
de todas y cada una
de mis cicatrices y heridas.

Al único
al que dedicaría siempre líneas
sobre el caos de los rizos en su pelo
y sus más sinceras sonrisas,
porque estuvo bailando
conmigo en el precipicio,
aun sabiendo que nos
apostábamos la caída.

En el mundo genial de las cosas que dices
(Maldita Nerea)

Yo no sé si se puede quererte más fuerte.

Secreto

Admiro en silencio
todas tus caídas,
las gotas de lluvia
que a veces brotan
en el ardor de tus
mejillas,
para luego dejar crecer
en tus ojos flores de cerezo.

No te lo digo,
pero escribo poemas
en secreto
las tardes de abril,
cuando las amapolas
brotan
y me recuerdan
aquella libreta roja
en la que escribes temas
para mí.

Sueño cada noche
con la luna creciente
que nace semicircular
en la curva de tu cara,
la cual
aparece más fácilmente
los días
que admiras como un león
las vistas de tu ciudad.

Asumo mi responsabilidad
de mantenerte alejado
de la melancolía,
para
ser tu guía
dentro de esta tierra
que dejó alguna vez
mi amor,
apagar con ruina
tus latidos.

Róbame el alma
(Maná)

Embriágate hasta caer y ámame hasta enloquecer.

Verbena de Seseña

Ahí estamos los dos,
de nuevo dudando.

Das un trago,
me humedezco los labios.

El aire es denso,
estamos temblando.

Me electriza esta tensión,
tu corazón da saltos.

Cojo mi teléfono,
miras a otro lado.

Todos nos están mirando,
y nosotros lo evitamos.

El siguiente sorbo
de la copa
me vuelve valiente.

Echo a andar hacia ti,
te abres paso
entre la gente.

Suena a noche de verbena
y pensamientos imprudentes.

Se cuelan canciones en tus venas,
y emanan suspiros en mi mente.

El cielo de agosto
se pinta de estrellas blancas
creando una constelación
reflejada en el brillo
de nuestras caras.

Sonríes de medio lado,
siento una corazonada.

Nos dejamos caer al vacío
y en un beso
ardemos
como antorchas humanas.

Esclavo de tu amor
(Revólver)

Y le digo a Dios que no hay nada mejor
que seguir siendo el esclavo de tu amor…

Futuro

Me quiero pasar el resto de mis días
escribiéndote baladas,
dedicarte a todas horas mis líneas
si es que nunca te cansas.

Me encantaría llevarte
a todos los lugares
donde siempre fuiste feliz
y pasarme mañanas enteras
contando tus lunares
mientras finges dormir.

Firmo por hacer míos
tus miedos
porque tú mantuviste
los míos a raya,
entregarte todo cuanto tengo
para que nunca te falte nada.

Deseo verte siempre en escenarios
con esa presencia
tuya y descarada
porque sé que tú anhelas verme,
leer a los periodistas
las poesías que te tengo dedicadas.

Espero fielmente
que el tiempo no se nos vuelva
enemigo
y me permita hacerme
mayor contigo
y que,
por siempre, león mío,
pueda acompañar todos
tus latidos.

Índice

INDIRECTAS DIRECTAS

LA LLORERÍA

20 DE ENERO

VISCERAL

RUGIDO ROMÁNTICO

Este libro se terminó de editar en Granada
en junio de 2025 por

Aliarediciones

www.aliarediciones.es
info@aliarediciones.es